Für

INHALT

WAS NÄHRT MEINE HOFFNUNG?

Mit jedem neugeborenen Kind wird für mich die Hoffnung neu geboren.
Mit jedem neugeborenen Kind spüre ich, wie verletzlich und bedroht die Hoffnung ist.
Mit jedem neugeborenen Kind erhält die Hoffnung ein Gesicht, Füße und Hände und ein sensibles Herz.
Mit jedem neugeborenen Kind erinnere ich mich, wie die Rechte der Kinder und aller Menschen zu wenig verwirklicht sind.
Mit jedem neugeborenen Kind wird die Hoffnung neu buchstabiert.
Mit jedem neugeborenen Kind holt mich die Wirklichkeit ein, dass jeden Tag 24 000 Kinder, Frauen und Männer an den Folgen der Armut sterben.
Mit jedem neugeborenen Kind wächst die tiefe Dankbarkeit über den Geschenkcharakter des Lebens, der mich staunend durchs Leben gehen lässt.
Mit jedem neugeborenen Kind stellt sich uns die Frage, wie wir die Botschaft von jenem göttlichen Kind im Stall in unser Leben hineinholen können.
Mit jedem neugeborenen Kind erneuert sich das kraftvolle Ereignis jener Nacht in Betlehem, das Erde und Himmel verbindet.

„Wie können wir Weihnachten glaubwürdig feiern?", fragen sich viele Menschen zu Recht. Wie lässt sich Jahr für Jahr, Tag für Tag konkret vom Erscheinen der Menschenfreundlichkeit Gottes erzählen? Wie lässt sich trotz 45 Kriegen und Spannungsherden, mit denen wir täglich konfrontiert sind, an das Gute im Menschen glauben, wie dies Anne Frank (1929–1945) in ihrem Tagebuch schreibt, wohl wissend um ihre bevorstehende Tötung im Konzentrationslager?
Meine weihnachtlichen Meditationen möchten diese Fragen ernst nehmen. Die Würde eines jeden Kindes, eines jeden Menschen verpflichten mich dazu. Meine weihnachtlichen Meditationen werden Fragen offen lassen, weil vieles fragwürdig bleiben muss, wenn wir wirklich ganz Mensch werden: Menschen guten Willens, die lachen und weinen, lieben und leiden, sich engagieren und sich zurückziehen, zweifeln und hoffen. Diese weihnachtliche Grundhaltung ist für mich ein großer Hoffnungsfunke. Sie verdichtet sich auch in Maria, die als starke, sympathische (vom griech. = mitleidende) Frau „alles in ihrem Herzen bewahrte" (Lukas 2,19).
Meine, unsere Fragen wach zu halten, ohne daran zu zerbrechen gelingt mir allerdings nur, wenn ich mich wie die Hirtinnen und Hirten auf den Weg mache, sogar durch die Unsicherheit der Nacht hindurch, um Ausschau zu halten nach einer erweiterten Sicht der Wirklichkeit, um hinter die Dinge zu sehen, um mich als Teil

der Schöpfung und des Kosmos zu erfahren, um die solidarische Kraft der Beziehungen zu erfahren, die meine Hoffnung wirklich nähren lassen!
Diese Suche führt mich zu meinem Erstaunen zu einem Kind, das mich ermutigt im Kleinen, Unscheinbaren das Wunderbare, Kostbare zu entdecken, das mich mit allem verbindet. Da entdecke ich in unserer biblisch-mystischen Tradition, dass das göttliche Kind auch in mir geboren wird als tiefer Hoffnungsfunke.
Diese weihnachtliche Botschaft zieht sich auch als Leitmotiv durch die Predigten vom beeindruckenden Mystiker Meister Eckhart (1260–1328), aus denen ich einige Gedanken auswähle und zusammen mit den brennenden Fragen unserer Zeit meditiere. Meine Hoffnung nährt sich zutiefst aus der Verwurzelung in uralten-höchst aktuellen Lebens- und Glaubenserfahrungen. Die Worte dieses Dominikanermönches, der in Erfurt gelebt hat und als höchst begabter Theologe und Philosoph viel unterwegs war zwischen Köln, Straßburg und Paris sind für mich umso glaubwürdiger und herausfordernder, weil er sie in eine gesellschaftspolitische und kirchliche Umbruchszeit hineingesprochen hat (Kaisertum und Papsttum liegen wieder einmal im Streit – „Babylonische Gefangenschaft" der Päpste in Avignon, die ein Finanzimperium von noch nicht da gewesenem Ausmaß aufbauen), die ihn auch persönlich viel Leid und Verunsicherung durch Intrigen und Anklagen erfahren ließ.

Obwohl wir in einer ganz anderen Zeit leben, so entdecke ich in dieser engagierten Mystik existenzielle Grundfragen unseres Lebens, die meine Hoffnung bestärken und die mich vertrauensvoll in die Antworten hineinwachsen lassen.

VOM INNEREN MENSCHEN

Auf meinem Schreibtisch steht vor mir ein Weihnachtsfoto, das mitten im Sommer aufgenommen wurde. Sarah Valérie, die sieben Monate alte Tochter eines befreundeten Paares, bestärkt mich, alltäglich die Wirklichkeit des inneren Menschen zu sehen. Des Menschen, der schon als kleines Kind die Gabe hat, in sich selber zu ruhen, aufgerichtet zwischen Erde und Himmel mit offenem Blick. Faszinierend ist für mich vor allem die Haltung ihrer rechten Hand auf dem Oberschenkel. Welch kraftvoller Ausdruck einer inneren Wirklichkeit, den ich in Verbindung bringe mit dem positiven Menschen- und Gottesbild von MEISTER ECKHART: „*Erkenne den hohen Adel, den Gott in die Seele gelegt hat.*“ Das Wesentliche ist schon da, wir sind alle Königskinder. Sarah Valérie erinnert mich durch ihre ausdrucksstarke Grundhaltung daran, dass der göttliche Kern da ist, in jedem Menschen. Mystische Menschen gehen darum jeden Tag neu auf diese Spurensuche, um auch angesichts von Spannungen und Ungerechtigkei-

ten nach innen zu schauen und die einmalige Würde zu erahnen, die jeden Menschen bewohnt. Sand und Meer vergegenwärtigen zugleich die tiefe Verbundenheit mit allem, dem göttlichen Atem in Schöpfung und Kosmos. Dies nährt meine Hoffnung und bewegt mich zu ökologischer Achtsamkeit. In diesem Sinne verwendet Jesus in seinen Gleichnissen immer wieder Schöpfungserfahrungen, damit wir darin auch das Wachsen und Reifen des inneren Menschen erkennen. MEISTER ECKHART führt diese Linie weiter, indem er die Realität des Bösen, des Widerwärtigen, die Menschen einander antun, nicht ausblendet, sondern im Lichte der Hoffnung deutet:

„Ist's aber so, dass der gute Samen einen törichten und bösen Acker hat, so wächst Unkraut und bedeckt und verdrängt den guten Samen, sodass er nicht ans Licht kommt noch auswachsen kann. Doch spricht schon Origenes, ein großer Meister: Da Gott selbst diesen Samen eingesät und eingedrückt und eingeboren hat, so kann er wohl bedeckt und verborgen und doch niemals vertilgt noch in sich ausgelöscht werden; er glüht und glänzt, leuchtet und brennt und neigt sich ohne Unterlass zu Gott hin“ (S. 142).

Mystik ist mir zur Lebenshilfe geworden, weil mir da dynamische Bilder entgegenkommen, mit denen ich unsere Welt deuten kann. Es gibt keinen gottlosen Menschen, kein Mensch kann Gott loswerden, weil Gott selber diesen guten Samen *„eingesät, eingedrückt und ein-*

geboren“ hat. Das ist die hoffnungsstiftende Botschaft jener Nacht: Gott verbindet sich wesentlich mit jedem Menschen. Wir Menschen können uns diesem göttlichen Grund verschließen. Schreckliche Ereignisse im Leben eines Menschen können entfremden von dieser Hoffnung, doch sie lässt sich nicht auslöschen. Hoffnungsfunken „*glühen, glänzen, leuchten*“ aller Dunkelheit zum Trotz.
Was auf dem Foto mit Sarah Valérie sichtbar wird, findet sich auch bei Meister Eckhart.
Die Hoffnung ist klein wie ein Senfkorn. Wir erhalten den Samen und es liegt an uns, ihn wachsen und reifen zu lassen. Entscheidend ist jedoch die hoffnungsvolle Lebenseinstellung, dass das Gute schon da ist und durch uns freigelegt werden möchte. Dies verdeutlicht der Mystiker noch in anderen Bildern:

„Die Sonne scheint ohne Unterlass; jedoch, wenn eine Wolke oder Nebel zwischen uns und der Sonne ist, so nehmen wir den Schein nicht wahr. Ebenso auch, wenn das Auge in sich selbst krank ist oder verschleiert, so ist ihm der Schein nicht erkennbar. Überdies habe ich gelegentlich ein deutliches Gleichnis vorgetragen: Wenn ein Meister ein Bild macht aus Holz oder Stein, so trägt er das Bild nicht in das Holz hinein, sondern er schnitzt die Späne ab, die das Bild verborgen und verdeckt hatten; er gibt dem Holze nichts, sondern er benimmt und gräbt ihm die Decke ab und nimmt den Rost weg, und dann erglänzt, was darunter verborgen lag. Dies ist der Schatz, der verborgen lag im Acker, wie un-

ser Herr im Evangelium spricht (Matthäus 13,44)" (S. 143f). Adventlich-weihnachtliche Menschen brechen immer wieder auf, um in ihren Beziehungen und im Engagement für eine lichtvollere Welt den Rost zu entfernen, der entfremdet von der Wirklichkeit, Abbild Gottes zu sein. Ohne Widerstand wird dies kaum möglich sein. Dieses Bild hilft mir, mich zu verabschieden von einer Spiritualität der Vollkommenheit. Wirklich Mensch werden heißt mitten im Leben stehen. Da wird sich immer wieder Rost ansammeln und Kostbares sich verbergen. Mensch werden kann ich nie alleine. Es braucht dieses gegenseitige Wohlwollen und die aufrichtende Konfliktfähigkeit, damit mein innerer Schatz immer mehr glänzen und ich mich entfalten kann im Verwirklichen meiner Lebensaufgabe. Beim Meditieren des Fotos von Sarah Valérie erinnere ich mich, dass zu ihr auch die mühsamen Seiten gehören dürfen: das Schreien in der Nacht, das Unwohlsein und Winden beim Durchbrechen der ersten Zähnchen. Auch darin ist sie anerkannt und darin werden ihr Grenzen gesetzt, damit Weihnachten geerdet wird, als Fest der hoffnungsvollen Auseinandersetzungen, die wirklich Frieden stiften.

VOM SEELENFÜNKLEIN

„Haben wir Menschen wirklich nichts aus der Geschichte gelernt? Warum wiederholen sich diese sinnlosen Kriege, die ethnischen Säuberungen, die Machtspiele, die Korruption, die Unterdrückung von Minderheiten?" Fragen, die mir oft begegnen. Der Taxifahrer fragt mich ganz direkt: „Geben Sie dem Menschen noch eine Hoffnung? Geben Sie dieser Welt noch eine Hoffnung?" Ernstfall meiner Ideale, meines Glaubens! Was soll ich sagen? Ich kenne ja auch diese Zweifel, diese Empörung über die Gewalt und Folter, über die Realität, dass weltweit 250 Millionen (!) Kinder sexuell ausgebeutet werden. Ich kenne die Zeiten, wo ich mir darüber im wahrsten Sinn den Kopf zerbreche und nicht weiterkomme.

Hoffnungsfunken sind für mich dann die Momente, wo diese Fragen nicht einfach verdrängt werden oder – noch schlimmer – in klug durchdachten Systemen aufgehoben und erklärt werden, sondern wo ich durch diese Fragen hindurch in Verbindung komme mit meiner Herzensstimme, die mich auch das Lebensfördernde neu sehen lässt, das jeden Tag geschieht. Hoffnungsfunken ereignen sich, wenn ich in die tiefere Verbundenheit mit allen Lebewesen eintauche und dadurch Dankbarkeit spüre über meinen Atem, mein Aufstehenkönnen, mein Essen und Trinken, meine Liebeskraft, meine Ausdrucksmöglichkeiten, mein Engagement. Diese Hoffnungskraft erneuert sich und leistet der Zerstörungskraft klaren Widerstand. Das rede ich mir nicht ein, sondern es geschieht wirklich, obwohl in den Zeitungen und in der Tagesschau wenig davon gesprochen wird. Weihnachtliche Menschen nehmen alltäglich Verbindung auf mit dieser inneren Kraft, um darin die Hoffnung zu schöpfen für einen gewaltfreien Widerstand. MEISTER ECKHART spricht von dieser tiefen Kraft im wundervollen Bild des Seelenfünkleins:

„*Und es gibt eine Kraft in der Seele, die spaltet das Gröbste ab und wird mit Gott vereint: Das ist das Fünklein der Seele*" (S. 243).

Es gibt eine göttlich-heilende Kraft, die unaufhaltsam wirkt als Hoffnungsfunke in allen persönlichen, politisch-sozialen und ökonomischen Zusammenhängen. Sie wahrzunehmen und zu verstärken ist unser aller Aufgabe. Realistischerweise spricht der Mystiker nicht nur von dieser Seinsverbundenheit, sondern auch vom „*Gröbsten, das abgespaltet wird*". Ich verstehe diese Aussage nicht im psychologischen Sinn der Abspaltung, in dem ich destruktive Teile von mir nicht integrieren will und dadurch verdränge, bekämpfe, abspalte. Ich sehe darin vielmehr die nüchterne Annahme und Aufgabe, durch Ungereimtes und Schmerzvolles, sogar durch Fehler und Scheitern hindurchzugehen, damit sie verwandelt werden können.
Kein Mensch, keine Generation kommt um diese Prozesse herum. Dabei verliere ich die Hoffnung nicht, dass wir aus unserer Geschichte lernen können. Wir tun es auch. Doch ich versuche, täglich anzunehmen, dass jede und jeder durch gewisse Lebenserfahrungen

hindurch muss. Um mich in dieser Spannung nicht zu verlieren, brauche ich den Zugang zu diesem heiligen Winkel in mir, zum Seelenfünklein, das reinigt und klärt und mich neu auf das Wesentliche ausrichtet: Die Geburt Gottes, die sich befreiend-schmerzvoll ereignet, im Hier und Jetzt.

Hoffnungsfunken
bestärken in dir das Vertrauen
in das Gute im Menschen
ohne dadurch die Ungerechtigkeit
und die Eskalation der Gewalt
zu verharmlosen
sondern um den Traum Gottes
von einer gerechteren und zärtlicheren Welt
mehr Wirklichkeit werden zu lassen:
Weihnachten hier und jetzt

Hoffnungsfunken
bewegen dich zum langem Atem des Vertrauens
der dich das Leben in seiner Tiefe durchschauen lässt
um in allem das göttliche Licht zu erahnen
das zur Solidarität bestärkt
und zum leidenschaftlichen Mitsein bewegt:
Weihnachten alle Tage unseres Lebens
sichtbar in allen Menschen guten Willens

Hoffnungsfunken
berühren dich im Innersten
damit du deine Vision erkennst
für die es sich zu leben lohnt
deinen Lebensauftrag
der deine Gaben zum Leuchten bringt:
das Erscheinen der Menschenfreundlichkeit Gottes

GOTT EREIGNET SICH IM AUGENBLICK

Die Menschwerdung Gottes erzählt uns vom heruntergekommenen Gott. Gott lässt sich ein auf diese Welt, auf ihre Entwicklungskraft und auf ihre Begrenztheit. Gott wartet nicht die idealen Bedingungen ab, um seine Sympathie auszudrücken, sondern begibt sich an den Rand, um uns eine Mitte zu eröffnen. Diese Erkenntnis prägt meine Spiritualität. Spirituelle Menschen sind für mich Frauen und Männer, die sich einlassen auf das Leben. Menschen guten Willens, die nicht über den Dingen stehen, sondern sich verwurzeln, wachsen und reifen in dem, was das Leben ihnen entgegenbringt. Ich warte also nicht ein Leben lang auf die große Erleuchtung, auf die idealen Möglichkeiten, um ich selbst zu werden, sondern ich traue der Kraft des Augenblicks, dem, was hier und jetzt ist, um mich zu entfalten und um mitzugestalten an menschlicheren Strukturen, die auch das Eingebundensein in die Schöpfung einbeziehen. Was in der Geburt Jesu sich verdichtet, möchte durch jeden Menschen verinnerlicht und angeeignet werden. Darum sprechen Mystikerinnen und Mystiker von der Geburt Gottes im eigenen Seelengrund, in meiner Biographie, meiner Geschichte, meinen Charakterzügen, meiner Sozialisation. Das Geheimnis der Menschwerdung geschah nicht nur einmal in Betlehem, sondern es ereignet sich im Augenblick.

VON DER GEBURT GOTTES IM HIER UND JETZT

Dieses dynamische Gottes- und Menschenbild berührt mich immer wieder neu. Es weckt in mir die Vision einer Welt, die mehr aus dem SEIN lebt und weniger auf das HABEN ausgerichtet ist. Die Einfachheit des Lebens, die ökologische Achtsamkeit zeigt sich mir im Stall, der zum Hoffnungsort wird, zum Gleichnis des Zusammenseins von Mensch und Tier. Ein Hoffnungsort, auf den die Engel hinweisen und der Menschen in ihrer Tiefe anspricht und anzieht. Abseits der Metropole ereignet sich, wonach wir uns mit Leib, Geist und Seele sehnen, die Kraft des Seins und Werdens. Niemand ist zu haben, als interessantes Objekt zu sehen, sondern alle sind im Werden.
Auch Gott ist nicht zu haben, sondern das göttliche Kind verweist uns auf die Kraft des Werdens. MEISTER ECKHART lädt ein zu diesem befreienden Menschen- und Gottesbild:

„Die Leute wähnen, Gott sei nur dort (= bei seiner historischen Menschwerdung) Mensch geworden. Dem ist nicht so, denn Gott ist hier (= an dieser Stelle hier) ebenso wohl Mensch geworden wie

dort, und er ist aus dem Grunde Mensch geworden, dass er dich als seinen eingeborenen Sohn gebäre und als nicht geringer" (S. 357).

Dieses heilende Geschehen jener Nacht auf den Hirtenfeldern hat für uns Menschen seine zutiefst existenzielle Bedeutung nur, wenn es sich in unserer Seele wiederholt. Um die brennenden Fragen unserer Zeit aushalten und verändern zu können, brauchen wir die Kraft der Wiederholung, indem wir uns das holen, was unsere Hoffnung nährt. Nur so können unser Alltag, unsere Beziehungen, unsere Freizeit, unser Engagement aus der Kraft dieser heiligen Nacht belebt und erneuert werden. Die Gottesgeburt in der Seele ist das Herzstück von ECKHARTS Mystik. Sie ist grundlegend für seine Ermutigung, mehr aus dem SEIN, aus Gott heraus zu leben und zu wirken. Darin liegt die große Würde einer jeden, eines jeden von uns. Darum ist das Leben von der Zeugung bis zur letzten Sekunde und über den Tod hinaus so kostbar und einmalig. In jedem Menschen gebiert sich die Christuskraft, die hinausstrahlen möchte in die dunklen und verzweifelten Situationen des Lebens.
Gott wird neu geboren, wenn Menschen sich zärtlich begegnen, wenn Sterbende nicht alleine gelassen werden, wenn gewaltfreier Widerstand gewagt wird, wenn im Essen und Trinken die Nähe Gottes gekostet wird. Dies geschieht als Geschenk, als Gnade. Unsere Aufgabe ist es alltäglich dieser Wirklichkeit, diesem Ereig-

nis zu trauen, es erneut hineinzuholen in all unsere Lebensvollzüge:

„Gott gebiert seinen eingeborenen Sohn in dir, sei es dir lieb oder leid, ob du schläfst oder wachst; er tut das Seine“ (S. 260).

Gott gebiert sich in dir im Lachen und Weinen, in der erotischen Kraft der Liebenden, im Durchbrechen der Spirale der Gewalt in der Feindesliebe, im Genießen der Schöpfung, im fairen Austragen von Konflikten, im Mitgestalten an einer Welt, wo auch die Kleinen, Behinderten, Ausgegrenzten, Kranken, Flüchtenden ihren Platz haben, im Rückzug in die Stille, im schweigenden Mitsein. Unsere Hoffnung wird neu geboren, wenn wir im gemeinsamen Feiern vergegenwärtigen, was immer schon tiefste Wirklichkeit ist: Christus als Quelle des Lebens.
Mystische Menschen trauen ihrer Intuition, sie holen ihre innere Sehnsucht wieder hervor, sie hören auf ihre innere Herzensstimme. Doch sie bleiben nicht bei sich selber stecken, sie suchen das Verbindende, das Gemeinschaftliche, die Verwurzelung in dem, was sich in der Tradition schon entfaltet hat. So ist die Botschaft der Geburt Gottes in der Seele nicht eine Erfindung von Meister Eckhart, sondern er stellt ins Zentrum seiner Mystik, was der johanneische Jesus im Gespräch mit Nikodemus verdeutlicht: Lebendig bleibt nur, wer immer wieder neu geboren wird (Johannes 3,1–13).

Der Glaube ist keine Lebensversicherung, keine Absicherung, sondern ein tägliches Hineinwachsen in die Kraft des Vertrauens in das Leben: „Wer nicht aus Wasser und Geist geboren wird, kann nicht in das Reich Gottes eingehen" (Johannes 3,5). Auch der Apostel Paulus aktualisiert diese Botschaft, wenn er mit anderen mitleidet, mithofft, „bis Christus in euch Gestalt gewinnt" (Galater 4,19). Diese mystische Aussage des tiefen Vereintseins mit Christus bringt er auch für sich existenziell auf den Punkt in den kraftvollen Worten: „Nicht mehr ich lebe, sondern Christus lebt in mir" (Galater 2,20). Dies ist der tiefste Sinn unseres Lebens, immer mehr Raum zu schaffen, sich zu lösen von sich selber, damit die heilend-versöhnende Kraft Gottes uns zur Hoffnung beleben kann. Es beinhaltet einen großen Selbstwerdungsweg, ein Arbeiten an seiner Persönlichkeit. Sich lassen kann nur, wer sich und seine Fähigkeiten und Grenzen kennt. Darum ist die Selbsterkenntnis die Grundbedingung der Gotteserkenntnis! Meister Eckhart nimmt das Motiv der Gottesgeburt von einem frühchristlichen Theologen auf: Origenes (um 185 – um 243), den Eckhart in seinen Predigt immer wieder zitiert: „Selig aber, wer immer aus Gott geboren wird. Nicht nur einmal, so möchte ich sagen, wird der Gerechte aus Gott geboren, sondern in jedem guten Werk wird er geboren, weil in diesem Werk Gott den Gerechten gebiert ..." Diese prozessorientierte Sicht des Glaubens lässt mich aufatmen, weil da nicht punktuell, ein für alle Mal Wesentliches geschieht, sondern Tag für Tag in meiner solidarischen Lebenspraxis. Diese Verbindung von Zeit und Ewigkeit verdeutlicht Meister Eckhart immer wieder:

„*Wir feiern hier in der Zeitlichkeit im Hinblick auf die ewige Geburt, die Gott der Vater vollzogen hat und ohne Unterlass in Ewigkeit vollzieht, dass er diese selbe Geburt nun in der Zeit, in menschlicher Natur vollzogen hat. Sankt Augustinus sagt: Was hilft es mir, dass diese Geburt immerfort geschehe und doch nicht in mir geschieht? Dass sie aber in mir geschehe, daran ist alles gelegen*" (S. 415).

VOM GÖTTLICHEN KIND AUF DEM SCHAUKELPFERD

Im letzten Advent gestaltete ich eine besinnliche Lesung im Altersheim meines Heimatdorfes. Einige Stunden vor diesem Anlass bin ich mit dem Postbus an den Dorfeingang gefahren. Danach ging ich zwei Stunden durch das Dorf. Ein eindrücklicher Gang durch mein Leben. Noch heute erfüllen mich all die Erinnerungen, die kraft- und schmerzvollen, denen ich in so kurzer Zeit ganz verdichtet begegnet bin. Am Ende meines Ganges bin ich bei den Gräbern meiner verstorbenen Großeltern und Eltern angekommen. Da habe ich Kerzen entzündet, die in die Nacht hineingeleuchtet haben. Eine Versöhnung mit meiner Geschichte, meinem Ursprungsdorf Hägglingen. Ein jahrelanger, intensiver spiritueller Prozess steckt dahinter. So berühren mich die Worte von MEISTER ECKHART noch tiefer, wenn er erzählt, was es braucht, um das Geschenk der Geburt Gottes in sich zu erfahren. Sie geschieht ohne Unterlass, doch es liegt an mir, sie an mich herankommen zu lassen. Dies wiederum hat damit zu tun, mich mir und meinem Leben und meinem Ursprung, meiner Geburt zu stellen:

„*Wahrhaftig, willst du diese edle Geburt finden, so musst du die ‚Menge' verlassen und musst zurückkehren in den Ursprung und in den Grund, aus dem du gekommen bist ... es muss alles von innen herauf aus Gott herausquellen, soll diese Geburt eigentlich und lauter aufleuchten. Zum Erliegen kommen muss all deine Geschäftigkeit. Alle deine Kräfte müssen dem Seinen dienen, nicht dem Deinen. Gott allein muss es wirken, soll das Werk vollkommen sein. Du hingegen sollst es allein zulassen*" (S. 432).

Durch das Verlassen meiner Geschäftigkeit und durch die Zeit, die ich mir genommen und geschenkt habe, konnte ich die Verbindung zu meinem Ursprung aufnehmen und die tiefe Dankbarkeit dem Leben gegenüber spüren. Beim Gang zum Altersheim begegnete ich der Skulptur, die nebenan vor dem Kindergarten steht: das Kind auf dem Schaukelpferd. Sie war ganz neu, als ich in den Kindergarten ging und sie leuchtet immer

noch in ihrer Einfachheit. Im Altersheim traf ich auf viele kranke und gebrechliche Menschen, deren Gesichter zum Teil entstellt waren. Beim Erzählen meiner heutigen Wegerfahrung und vor allem meiner Begegnung mit dem Kind auf dem Schaukelpferd fingen die Augen vieler Menschen zu leuchten an. Ich konnte nicht anders, als vom göttlichen Kind auf dem Schaukelpferd zu sprechen, das in jeder und jedem von uns lebt und uns in eine innere Schwingung des Vertrauens bringen kann. Diesem inneren Kind begegnen, in jeder Phase unseres Lebens, ist für mich ein heilender Hoffnungsfunke. Die Begegnung des göttlichen Kindes in mir eröffnet mir einen Spielraum, damit ich auch im hohen Alter immer wieder ganz klein anfangen kann, um Seiten in mir zu entfalten, die noch verborgen sind. Je länger ich spontan meditierte entlang diesem göttlichen Kind auf dem Schaukelpferd in uns, umso näher kamen wir uns alle. Ich erkannte, dass wir immer wieder Räume der Besinnung, der Stille, der Achtsamkeit brauchen, um nicht nur beim Schweren, Scheitern in unserer Biographie stecken zu bleiben, sondern um zu erfahren, wie es Grund zur Hoffnung gibt beim Entdecken des Leichten, Spielerischen, damit *„alles von innen herauf aus Gott herausquellen“* kann.
Weihnachten ereignet sich, wenn du deinem Leben, deinen Beziehungen, deinen Ängsten, deiner Arbeitsmotivation, deiner Gebrochenheit auf den Grund gehst.

Weihnachten ereignet sich in der Sammlung meiner Kräfte, in der Konzentration auf meine Lebensaufgabe, im Lernen, die Geschäftigkeit zu verlassen, nein zu sagen dem Leben zuliebe.
Weihnachten ereignet sich im Annehmen meiner Begrenztheit, denn dadurch bin ich auch kranken, behinderten, alten und sterbenden Menschen nahe, von innen heraus.

Begegne
dem göttlichen Kind in dir
jener Hoffnungskraft
die sich in dir entfaltet
im Staunen
über all deine Wachstumsprozesse
die seit deiner Geburt möglich geworden sind

Begegne
dem göttlichen Kind in dir
jener Vertrauenskraft
die in dir mehr Raum möchte
um den eigenen Schreien
und dem Schreien nach Sinn
auf dieser Welt
nicht auszuweichen

Begegne
dem göttlichen Kind in dir
jener Liebeskraft
die dich in Schwingung bringt
damit du auch spielerisch
an einer zärtlicheren Welt
mitgestalten kannst

BETLEHEM BELEBT MEINE HOFFNUNG IM ALLTAG

Betlehem heißt auf Hebräisch „Haus des Brotes". Damit ist die Richtung angegeben, die aus dieser kraftvollen Nacht ausstrahlt: Geborgenheit und Gerechtigkeit. Zwei lebensnotwendige Grundwerte, die wir brauchen beim konkreten Entfalten unserer Hoffnung. Mystische Erfahrungen des Angerührtseins, des Ergriffenseins, in denen Raum und Zeit wie aufgehoben erscheinen, stärken unsere Hoffnung und führen uns direkt auf die Marktplätze und Straßen, da wo das wirkliche Leben sich ereignet, sich entfaltet und auch immer wieder bedroht ist. Die Menschwerdung Gottes lässt uns in Jesus jenen leidenschaftlichen Menschen und Liebhaber des Lebens erkennen, der in den Begegnungen mit vielen Menschen und mit der Schöpfung die Gegenwart Gottes in allem verdeutlicht. Allerdings verliert Jesus sich und seinen ureigenen Weg nicht im Engagement, in seiner Konfliktkultur, im heilenden Mitsein, weil er aus der Tiefe seines Seins, aus Gott lebt und wirkt. Aus dieser Grundhaltung fordert auch MEISTER ECKHART uns heraus, nach der tieferen Motivation unseres Tuns zu fragen:

„Die Leute brauchen nicht so viel nachzudenken, was sie tun sollen; sie sollen vielmehr bedenken, was sie seien. Wären nun aber

die Leute gut und ihre Weise, so könnten ihre Werke hell leuchten. Bist du gerecht, so sind auch deine Werke gerecht. Nicht gedenke man Heiligkeit zu gründen auf ein Tun; man soll Heiligkeit gründen auf ein Sein, denn die Werke heiligen nicht uns, sondern wir sollen die Werke heiligen. Wie heilig die Werke immer sein mögen, so heiligen sie uns ganz und gar nicht, soweit sie Werke sind, sondern: Soweit wir heilig sind und Sein besitzen, soweit heiligen wir alle unsere Werke, es sei Essen, Schlafen, Wachen oder was immer es sei. Die aber nicht großen Seins sind, welche Werke sie auch wirken, da wird nichts daraus. Erkenne hieraus, dass man allen Fleiß darauf verwenden soll, gut zu sein – nicht aber so sehr darauf, was man tue oder welcher Art die Werke seien, sondern wie der Grund deiner Werke sei" (S. 57).

Dieser faszinierende Text strahlt für mich die Kraft der Weihnachtsbotschaft aus: anerkannt zu sein vor allem Tun. Es ist eine klare Absage an eine Werk- und Leistungsfrömmigkeit, die meint, durch Werke oder Rituale Gott auf seine Seite bringen zu können. An Weihnachten feiern wir, dass Gott all unserem Tun mit seiner Gnade, seiner Sympathie zuvorkommt. Dies bedeutet nicht, sich vor der Verantwortung für die Zukunft zu drücken, ganz im Gegenteil! Es verweist mich auf die konkrete Gegenwart, auf die grundlegende Motivation meines Engagements. Engagiere ich mich, um mir und anderen zu beweisen, dass ich gut bin? Oder wachse ich Tag für Tag durch mein Engagement in das Urvertrauen hinein, dass ich aus der Kraft des Seins, aus Christus heraus gut, angesehen, anerkannt bin? Dies verwandelt mein Essen, Schlafen, Arbeiten, Genießen, Ringen, Hoffen und Lieben, weil ich darin den Zuspruch des Angenommenseins vor allen Ansprüchen erneuern kann.

Aus dem Geheimnis der Geburt Gottes leben heißt: mehr aus dem Sein leben, aus dem Seelenfünklein, aus der eigenen Tiefe. So reagiere ich weniger, sondern sammle mich vor dem Agieren und erkenne die vielen Hoffnungsfunken, die meinen Alltag erhellen. Hoffnungsfunken, die sich ereignen, wenn Frauen und Männer auf der ganzen Welt sich nicht in der Aktivität verlieren, sondern vor dem Tun Kraft schöpfen aus der tieferen Seinsverbundenheit mit allem, aller Kreatur, Schöpfung und Kosmos. So verstärkt sich die Friedens- und Hoffnungskraft auf der ganzen Welt, von der die Engel bis heute erzählen: „Alle Ehre gehört Gott im Himmel! Sein Friede gilt allen auf der Erde, die sich von ihm lieben lassen“ (Lukas 1,14).

Weihnachten feiern
innehalten
sein dürfen
sich lieben lassen

Weihnachten erahnen
hoffnungsvoll
Dunkles aushalten
sich verwandeln lassen

Weihnachten erneuern
Raum schaffen
aus der Kraft des Seins
sich engagieren

Weihnachten leben
im Heute
der Hoffnung
eine Chance geben